COLLECTION ÉMILE DESBOIS

ESTAMPES

ÉCOLE FRANÇAISE DU XVIIIe SIÈCLE

PIÈCES IMPRIMÉES EN COULEUR ET EN NOIR

27, 28, 29 JUIN 1901

COMMISSAIRES-PRISEURS
46, Rue Saint-Nicolas, 46

E. SCHNEIDER, Libraire
26, Rue Jeanne-Darc, 26

ROUEN 1901

EN PRÉPARATION

CATALOGUE DE LA BIBLIOTHÈQUE

COLLECTION ÉMILE DESBOIS

ESTAMPES

CONDITIONS DE LA VENTE

Elle sera faite au comptant.

Les Acquéreurs payeront dix pour cent en sus des enchères.

M. E. Schneider se réserve la faculté de rassembler ou de diviser les lots.

Les Estampes annoncées « marge » n'ont que deux centimètres nviron.

Il y aura Exposition chaque jour de vente, de neuf heures et demie à onze heures du matin.

L'adjudication faite, il ne sera accepté aucune réclamation.

M. E. Schneider remplira les ordres d'achats qui lui seront confiés.

ORDRE DES VACATIONS

Jeudi.....	27 Juin.....................	1 à 134
Vendredi.	28 —	135 à 267
Samedi...	29 —	268 à la fin.

CATALOGUE

D'UNE JOLIE COLLECTION

D'ESTAMPES

ECOLE FRANÇAISE DU XVIIIe SIÈCLE

PIÈCES IMPRIMÉES EN COULEUR & EN NOIR

COMPOSANT LA

Collection de M. EMILE DESBOIS

DONT LA VENTE AUX ENCHÈRES PUBLIQUES AURA LIEU

HOTEL DES COMMISSAIRES-PRISEURS, rue St-Nicolas, 46, à ROUEN

A DEUX HEURES PRÉCISES

Les Jeudi 27, Vendredi 28 et le Samedi 29 Juin 1901

Par le ministère de Commissaire - Priseur

Assisté de M. E. SCHNEIDER

DÉSIGNATION

ESTAMPES ANCIENNES

ANSELL (D'après)

1 — La Prise de Tabac, gravée par J.-W. Jouckins.
Charmante pièce en couleur, belle marge.

AUBRY (D'après E.)

2 — L'Abus de la crédulité, par N. de Launey.
Belle épreuve, marge.

3 — La même estampe.
Belle épreuve.

4 — Les Adieux de la nourrice, par R. de Launey.
Epreuve avec marge.

5 — L'Heureuse nouvelle, par J.-B. Simonet, 1777.
Très belle épreuve avec les armes et avant la lettre, marge.

A. E. G.

6 — La Correction conjugale, gravée par L. Valperga.
Très belle épreuve avant la lettre, marge.

BENAZECH

7 — Le Couronnement de la Rosière.
Pièce en couleur, quelques taches, marge.

BEAUDOUIN (D'après)

8 — Les Amants surpris, gravé par Choffard, 1767. (E. B. 4.)

Belle épreuve, marge.

9 — L'Amour à l'épreuve, par Beauvarlet. (5.)

Magnifique épreuve du 2e état, avec le titre, sans aucunes autres lettres et avant le changement, marge vierge.

10 — Les Amours champêtres, gravé par Choffard, 1767 (7.)

Très belle épreuve avec les lettres A. P. D. R.

11 — Annette et Lubin, gravé par N. Ponce. (9.)

Très belle épreuve, petite marge.

11 bis — Le Carquois épuisé, gravé par N. de Launey. (11).

Très belle épreuve.

12 — Le Carquois épuisé, par Farpilla.

Belle épreuve en couleur, marge.

13 — Le Catéchisme. — Le Confessionnal, d'après P.-E Moitte. (E. B. 12, 15.)

Superbes épreuves du 2e état. Avec les armes, les noms des artistes, sans aucunes autres lettres.

14 — Les Cerises, par N. Ponce. (13.)

Très belle épreuve.

15 — Le Chemin de la Fortune, par Voyez major. (14.)

Splendide épreuve, marge.

16 — Le Couché de la Mariée, gravé à l'eau-forte, par J.-M. Moreau le jeune et terminé par J.-B. Simonet. (16.)

Magnifique épreuve, marge.

17 — L'Epouse indiscrète, par de Launay. (21.)

Magnifique épreuve, remargée.

18 — Le Fruit de l'Amour secret, par Voyez Junior. (23.)

Très belle épreuve, marge.

19 — Le Jardinier galant, par Helmann, 1778. (25.)

Magnifique épreuve, très grande marge.

20 — Ji vais. — Quest la? Deux pièces en couleur, faisant pendants, gravées par Le Marin.

Très belles épreuves, dont la première en 1er état, petites marges.

21 — Le Lever, par Massard, 1771. (29.)

Belle épreuve.

22 — Marchez tout doux, Parlez tout bas, gravé par Choffard, 1782. (30.)

Belle épreuve, marge.

23 — Le Matin. — Le Soir. — La Nuit, trois pièces gravées par E. de Ghendt. (32, 46, 35.)

Belles épreuves, marges.

24 — Le Modèle honnête, gravé à l'eau-forte par J.-M. Moreau le jeune et terminé par J.-B. Simonet. (34.)

Belle épreuve, marge.

25 — La Sentinelle en défaut, par N. de Launay. (44.)

Très belle épreuve, marge.

26 — Les Soins tardifs, par de Launay. (45.)

Belle épreuve, marge.

27 — La Soirée des Thuileries, par Simonet. (47.)

Très belle épreuve, petite marge.

28 — La Toilette, par N. Ponce. (48.)

Belle épreuve.

BINET (D'après)

28 bis — Le Plaisir de la Pêche. — Le Chasseur, deux pièces faisant pendants, gravées par Borgnet et Dugast.

Belles épreuves, marges.

BLIGNY (D'après)

29 — L'Amour quêteur. — L'Amour volage, deux pièces faisant pendants.

Belles épreuves, marges.

BOILLY (D'après L.)

30 — Ah! qu'il est sot! par Tresca.
Belle épreuve avant lettre, marge.

31 — Les Hommes se disputent. — Les Femmes se battent, deux pièces gravées par Chaponnier.
Très belles épreuves, marges.

32 — Ah! comme il y viendra, par A.-F. Clavareau.
Bonne épreuve avec marge.

33 — Voilà ma mère, nous sommes perdus, par Beaublé.
Bonne épreuve avec marge.

34 — Marche incroyable, par Bonnefoy.
Très belle épreuve, marge.

BOREL (D'après A.)

35 — La Faute est faite, permettez qu'il la répare. — Vous avez la clef.... mais il a trouvé la serrure. Deux pièces faisant pendants, gravées par Anselin.
Jolies épreuves, marges.

36 — L'Indiscret, par Dequevauviller.
Très belle épreuve, marge.

37 — L'Innocence en danger, par F. Huot, 1792.
Belle épreuve avant la dédicace, marge.

38 — Il était temps!! par A.-F. Hémery.
Splendide épreuve avant lettre, provenant de la vente Mulbacher, grande marge.

39 — J'y passerai, par R. de Launay le jeune.
Très belle épreuve, grande marge.

40 — Rendez-vous de chasse d'Henri IV, par H. Guttemberg.
Belle épreuve, marge.

BOUCHER (D'après F.)

41 — La Baigneuse surprise, par J. Daullé.
Belle épreuve, sans marge.

42 — La Balançoire. — Les Pescheurs, d'après Ryland.
Deux pièces faisant pendants. Belles épreuves.

43 — Le Départ du courrier. — L'Arrivée du courrier. Deux pièces faisant pendants, gravées par Beauvarlet.
Superbes épreuves avant toutes lettres, marges.

44 — Les Grâces au Bain, par W. Ryland.
Très belle épreuve, toute marge.

45 — Le Messager discret, par Gaillard.
Belle épreuve à l'état d'eau-forte et avant toute lettre, marge.

CALLOT (D'après JAC.)

46 — Tentation de Saint-Antoine, à Paris chez de Poilly.
Belle épreuve, marge.

CARESME (D'après PH.)

47 — Honny soit qui mal y pense. — Honny soit qui mal y voit, par Hubert, 1773, deux pièces faisant pendants.
Jolies épreuves, l'écusson du médaillon de la seconde pièce est collé, marges.

48 — Le Satyre impatient, par J.-L. Anselin.
Très belle épreuve, marge.

CARRACHE (D'après ANNIBAL)

49 — L'Attente du plaisir, par L. Lempereur.
Belle épreuve, marge.

CARTIER (B.)

50 — Ruines champêtres.
Belle aquarelle.

CHARDIN (D'après)

51 — La Blanchisseuse. — La Fontaine, deux pièces faisant pendants, gravées par C.-N. Cochin.
Très belles épreuves du 2e état, petites marges.

CHARLIER (D'après)

52 — Un Tendre Engagement va plus loin qu'on ne pense, par Elluin.
Belle épreuve, marge.

COQUELET (D'après)

53 — Le Galant Boulanger, par L. Halbou.
Belle épreuve, petite marge.

COYPEL (D'après C.)

54 — George Dandin, acte 3e, scène dernière. — M. de Pourceaugnac, acte 1er, scène 8e. — Les Femmes sçavantes, acte 3e, scène 2e. — L'Escole des Femmes, acte 5e, scène 3e, quatre pièces gravées par Joullain.
Belles épreuves, marges.

55 — Les Principales Aventures de l'admirable Don Quichotte, 18 planches gravées par Surugue, Cochin, etc.
Epreuves sans marges.

CONTES DE LA FONTAINE

BOUCHER (D'après F.)

56 — La Courtisane amoureuse, par de Larmessin.
Très belle épreuve, toute marge.

PATER (D'après)

57 — La même estampe, par P. Fillœul.
Très-belle épreuve, grande marge.

BOUCHER (D'après F.)

58 — Le Calendrier des Vieillards, par de Larmessin.
Très belle épreuve, grande marge.

59 — Le Fleuve de Scamandre, par de Larmessin.
Belle épreuve, petite marge.

60 — Le Magnifique, par de Larmessin.
Belle épreuve, petite marge.

VLEUGHELS (D'après)

61 — Le Bast, par de Larmessin.
Très belle épreuve, grande marge.

SCHALL (D'après)

62 — La même estampe, par Lindor.
Epreuve avec marge.

63 — La même estampe, par A. Legrand.
Belle épreuve, toute marge.

LANCRET (D'après N.)

64 — Le Gascon puni, par de Larmessin.
Très belle épreuve, grande marge.

65 — La Servante justifiée, par de Larmessin.
Très belle épreuve, toute marge.

66 — La même estampe, par A. Le Grand.
Epreuve avec marge.

67 — Pâté d'Anguilles, par de Larmessin.
Très belle épreuve, grande marge.

68 — Le Faucon, par de Larmessin.
Très belle épreuve, grande marge.

SUBLEYRAS (D'après).

69 — La même estampe, par Le Bas.
Epreuve sans marge.

LANCRET (D'après)

70 — A Femme avare Galant Escroc, par de Larmessin.
Très belle épreuve, belle marge.

71 — La même estampe, par G.-F. Schmidt.
Très belle épreuve du 1er état, petite marge.

72 — Nicaise, par G.-F. Schmidt.
Belle épreuve du 1er état, petite marge.

73 — La même estampe, par de Larmessin.
Très belle épreuve, toute marge.

74 — Les Deux Amis, par de Larmessin.
Très belle épreuve, belle marge.

75 — On ne s'avise jamais de tout, par de Larmessin.
Très belle épreuve, belle marge.

76 — Le Petit Chien qui secoue de l'argent et des pierreries, par de Larmessin.
Très belle épreuve, belle marge.

77 — Les Rémois, par de Larmessin.
Très belle épreuve du 1er état, grande marge.

78 — Les Troqueurs, par de Larmessin.
Très belle épreuve, grande marge.

79 — Les Oyes du Frère Philippe, par de Larmessin.
Très belle épreuve du 1er état, belle marge.

LE CLERC (D'après)

80 — Le Faiseur d'oreilles et le Raccommodeur de moules, par de Larmessin.
Belle épreuve, petite marge.

LE MESLE (D'après P.)

81 — La Clochette, par Filloeul.
Très belle épreuve du 1er état, belle marge.

82 — Le Cuvier, d'après Filloeul.
Très belle épreuve, marge.

83 — La même estampe, par A. Le Grand.
Belle épreuve à l'état d'eau-forte pure avant lettre, petite marge.

COYPEL (D'après Ch.)

84 — La Matrone d'Ephèse, par L. Desplaces.
Belle épreuve, marge.

PATERRE (D'après)

85 — La même estampe, par Fillœul.
Belle épreuve, petite marge.

86 — Le Baiser donné. — Le Baiser rendu, par Fillœul. Deux pièces.
Très belles épreuves, marges.

87 — Le Glouton, par Fillœul.
Très belle épreuve, grande marge.

88 — Le Savetier, par Fillœul.
Très belle épreuve, belle marge.

89 — Les Aveux indiscrets, par Fillœul.
Très belle épreuve, grande marge.

90 — Le Cocu battu et content, par Fillœul.
Très belle épreuve du 1er état, marge.

SUBLEYRAS (D'après)

91 — Le Frère Luce, par Elluin.
Belle épreuve, marge.

92 — La même estampe, par N. Bart.
Belle épreuve, petite marge.

VLEUGHELS (D'après)

93 — Frère Luce, par de Larmessin.
Très-belle épreuve, marge.

94 — La Jument du Compère Pierre, par de Larmessin.
Belle épreuve, petite marge.

95 — La même estampe, par A. Le Grand.
Belle épreuve, grande marge.

LE CLERC (D'après)

96 — Le Rossignol, par de Larmessin.
Belle épreuve. grande marge.

VLEUGHELS (D'après)

97 — Le Villageois qui cherche son Veau. par de Larmessin.
Belle épreuve du 1er état, belle marge.

98 — La même estampe.
Belle épreuve du 2e état, petite marge.

EISEN (D'après Ch.)

99 — Promettre est un et tenir c'est un autre, par L. Legrand.
Très belle épreuve, grande marge.

100 — Le Gascon, par Tardieu.
Très belle épreuve, toute marge.

101 — Le Cas de conscience, par Tardieu.
Très belle épreuve, grande marge.

102 — La Gageure des trois Commères. par Tardieu.
Belle épreuve, grande marge.

103 — The Path of Paradise.
Belle et rare épreuve publiée à Londres en 1785, petite marge.

104 — Le Poirier enchanté ou l'Observateur trompé. — Le Villageois indiscret.
Deux pièces en couleur, belles épreuves.

LORRAIN (D'après)

105 — L'Anneau de Hans Carvel, par Aveline.
Belle épreuve, marge.

106 — La Chose impossible, par Sornique.
Belle épreuve, marge.

BUNBURY (D'après H.)

107 — Les Oies du Frère Philippe, par Watson, 1782.
Belle épreuve, tirage sanguine, marge.

RAMBERT

108 — La Jument du compère Pierre. — Joconde. — Les Lunettes. — Le Villageois qui cherche son veau. — Le Rossignol. — Le Poirier enchanté.

Six pièces au trait en belles épreuves.

109 — Les Lunettes.

Belle épreuve, marge.

SUBLEYRAS

110 — Le Faucon. — Frère Luce. Deux pièces gravées par Pierre.

Belles épreuves.

DANLAUX

111 — Ah! si je te tenais. — Je t'en râtisse. Deux pièces faisant pendants, gravées par Belgrade.

Très belles épreuves avant lettres, marges.

DEBUCOURT

112 — Annette et Lubin, 1789. (M. F. 22.)

Très belle épreuve en couleur, avec la date à droite, d'une grande fraîcheur, marge.

113 — Le Compliment, ou la Matinée du jour de l'an, 1787. (M F. 15.)

Très belle épreuve en couleur, d'une grande fraîcheur, marge

114 — La Croisée.

Belle épreuve : tache d'huile dans le haut de la marge.

115 — La Main chaude.

Très belle épreuve, marge.

116 — Le Menuet de la Mariée, 1786. (M.-F. 8.)

Splendide épreuve en couleur avant que la planche ait été retouchée, d'une parfaite conservation ; marge.

117 — L'Orange ou le moderne Jugement de Pâris. — Les Visites. Deux pièces faisant pendants.

Belles épreuves, taches dans les marges.

118 — Promenade au bois de Vincennes.
Très belle épreuve en couleur, marge.

119 — La Servante congédiée.
Très belle épreuve avant lettre, marge.

DE BUCOURT (P.-L.)

120 — Le Juge ou la Cruche cassée, par Leveau.
Magnifique épreuve avant la dédicace, marge.

121 — Les Chevaux de Bateau, d'après C. Vernet.
Très belle épreuve, marge.

122 — Route du Marché. d'après Vernet.
Belle épreuve, toute marge.

123 — Grande Course au Champ-de-Mars, d'après C. Vernet.
Très belle épreuve avant lettre, marge.

124 — La Fin de la Course, d'après C. Vernet.
Très belle épreuve avant lettre, restauration dans le ciel, marge.

125 — La Danse des Chiens en désordre, d'après Vernet.
Très belle épreuve en couleur, marge.

126 — Les Joueurs de Boules, d'après Vernet.
Belle épreuve en couleur, marge.

127 — Le Jour de Barbe d'un Charbonnier, d'après C. Vernet.
Très belle épreuve en couleur, marge.

128 — Passez Payez, d'après C. Vernet.
Belle épreuve en couleur, marge.

129 — Le Rempailleur de chaises, d'après C. Vernet.
Très belle épreuve en couleur, grande marge.

130 — Route de Poissy, d'après C. Vernet.
Très belle épreuve en couleur, marge.

131 — Route de Poste, d'après C. Vernet.
Tres belle épreuve en couleur, marge.

DAVID (D'après)

132 — Serment du Jeu de Paume, par Jazet.
Belle épreuve encadrée. mouillures dans la marge.

DESENNE, VANLOO (D'après J.)

133 — Le Lever. — Le Coucher, gravés par Kœnig et Leclerc, deux petites pièces en couleur faisant pendants.
Charmantes épreuves.

DESFOSSÉS (D'après M.)

134 — La Reine annonçant à Mme de Bellegarde la liberté de son mari, par Jean Duclos. 1779.
Magnifique épreuve avant la lettre. petite marge.

DESHAYES (D'après)

135 — La Fidélité surveillante, gravée par Floding, 1759.
Belle épreuve, marge du cuivre.

DOW (D'après GÉRARD)

136 — L'Arracheur de Dents, dessiné et gravé par Gianni et Aloys Kester.
Très belle épreuve avant lettre, marge.

DUGOURRE (D'après J.-D.)

137 — Le Lever de la Mariée, par Ph. Trière.
Magnifique et rare épreuve avant la lettre, marge.

DUMONT (D'après F.)

138 -- Marie-Antoinette, archiduchesse d'Autriche, reine de France et de Navarre, gravée par Alex. Tardieu.
Très belle épreuve, toute marge.

★

DUTAILLY

139 — La Promenade du matin, terminée par Chaponnier.
Belle épreuve en couleur, petite marge.

EISEN (D'après)

140 — L'Amour en ribote, gravé par L. Halbou.
Très belle épreuve avant toute lettre, marge.

141 — Les Amusemens champêtres, gravé par de Longueil.
Très belle épreuve avant toute lettre, petite marge.

142 — Les Désirs satisfaits, gravés par Patas. 1772.
Belle épreuve.

143 — Henri IV et Gabrielle, gravé par de Mouchy.
Belle épreuve, marge.

144 — Le Jour. — La Nuit, deux pièces faisant pendants, gravées par Patas.
Très belles épreuves, petites marges.

145 — Le Matin. — Le Midy. — L'Après-Midy. — Le Soir, suite de quatre pièces, gravées par de Longueil.
Très belles épreuves, marges.

146 — La Vertu sous la garde de la Fidélité, gravée par P.-A. Le Beau, 1772.
Très belle épreuve, grande marge.

147 — Les Baisers de Dorat :
Hymne au Baiser, en-tête gravé par Ponce.
1er Baiser, en-tête, gravé par de Longueil.
10e Baiser, en-tête, gravé par L.-J. Masquelier.
17e Baiser, en-tête, gravé par J. Aliamet.
19e Baiser, en-tête, gravé par N. de Launay.
Hymne au Baiser, cul-de-lampe, gravé par D. Née.
12e Baiser, cul-de-lampe, gravé par de Launay.
15e Baiser, cul-de-lampe, gravé par D. Née.
Tirage hors texte de ces huit charmantes épreuves.

FRAGONARD

148 — L'Armoire, dessinée et gravée par Fragonard.

Splendide et rare eau-forte avant toute lettre de la pièce capitale du maître, grande marge.

FRAGONARD (D'après)

149 — La Bonne Mère, par N. de Launay.

Très belle épreuve, marge.

150 — La Cachette découverte, par R. de Launay le jeune.

Très belle épreuve, toute marge.

151 — Le Chiffre d'amour, par N. de Launey.

Belle épreuve, petite marge.

152 — Le Verrou, par Blot.

Très belle épreuve, avec la première adresse, celle du graveur, marge

153 — Le Contrat, par Blot.

Très belle épreuve, toute marge.

154 — La Coquette fixée, par J. Couché et Dambrun.

Belle épreuve, petite marge.

155 — La Folie, gravée par F. Janinet.

Très belle et rare épreuve en couleur, avec toute sa marge.

156 — La Gimblette, par Bertony.

Belle épreuve, marge.

157 — Les Hazards heureux de l'Escarpolette, gravé par M. de Launay.

Magnifique épreuve [illegible], marge.

158 — L'Inspiration favorable, par L.-M. Halbou.

Très belle épreuve, marge.

159 — Le Serment d'amour, par J. Mathieu.

Très belle épreuve, petite marge.

160 — Le Baiser dangereux. — Le Baiser rendu, deux pièces, dont une d'après Carème, gravées par F. Flipart.

Belles épreuves, marges.

161 — Les Baignets, par N. de Launay.

Superbe épreuve avant que les armes n'aient été effacées, petite marge.

162 — Dites donc, s'il-vous-plaît, par N. de Launey.

Belle épreuve, marge.

163 — Le Pot au lait. — Le Verre d'eau, par Nicolas Ponce. Deux pièces faisant pendants.

Très belles épreuves, marges.

164 — La Douce résistance. — Le Verrou. — La Proposition. Deux petites pièces ovales de Boilly et Fragouard. par de Gouy, la troisième à Paris chez Dumarais.

Bonnes épreuves.

FREUDEBERG (D'après S.)

165 — Le Bain, par A. Romanet.

Très belle épreuve avant le numéro, marge.

166 — La même estampe.

Belle épreuve, marge.

167 — Le Boudoir, par Maleuvre.

Très belle épreuve avant le numéro, petite marge.

168 — La Complaisance maternelle, par N. de Launay.

Très belle épreuve, grande marge.

169 — La même estampe, par N. de Launay.

Bonne épreuve, marge.

170 — Les Confidences, par Lingée.

Très belle épreuve avant le numéro, marge.

171 — Le Coucher, par Duclos et Bosse.

Très belle épreuve avant le numéro, petite marge.

172 — La même estampe.

Très belle épreuve, marge.

173 — L'Evénement au Bal, par Duclos et Ingouf.

Très belle épreuve avant le numéro, marge.

174 — La même estampe.

Très belle épreuve, petite marge.

175 — L'Heureuse Union, par Bosse.

Très belle épreuve tirée avant que la planche ait été réduite et ajoutée sous le titre de la Matinée, à la suite du costume de Moreau, édition de Neuwied-sur-le-Rhin, petite marge.

176 — Lison dormant, par P.-H. Trière.

Charmante épreuve, sans marge.

177 — La même estampe.

Très belle épreuve, toute marge.

178 — L'Occupation, par Langée.

Très belle épreuve avant le numéro, toute marge.

179 — Le Petit Jour, par N. de Launay.

Très belle épreuve, petite marge.

180 — La Promenade du matin, par Laugée.

Très belle épreuve avant le numéro, toute marge.

181 — La Promenade du soir, par Ingouf le jeune.

Très belle épreuve avant le numéro, toute marge.

182 — La Toilette, par Voyez l'aîné.

Très belle épreuve avant le numéro.

183 — Le Soldat en semestre. — Le Marchand d'images, par Ingouf le jeune.

Deux charmantes pièces avec les armes et avant lettres, petites marges.

FRYBERG (D'après)

184 — La Chute inévitable. — Les Différents goûts, par de Launey le jeune.

Très belles épreuves, petites marges.

GREUZE (D'après J.)

185 — L'agréable Illusion, par A. G. T. G.

Très belle épreuve, très grande marge.

186 — L'Amour dédié au beau sexe, par B.-L. Henriquez.

Belle épreuve, marge.

187 — La Cruche cassée, par J. Massard, 1773.

Très belle épreuve avec les signatures de Greuze et de Massard au verso, mouillures dans les marges.

188 — La Laitière, par J.-C. Levasseur.

Magnifique et rare épreuve, marge.

189 — La Fille confuse, par les frères Ingouf.

Très belle épreuve, grande marge.

190 — Jeune fille donnant à manger à une tourterelle, charmante pièce ovale dans un encadrement ornementé, gravée par Beauvarlet.

Superbe épreuve avant toutes lettres, d'une pièce qui n'a jamais été publiée, ni terminée, de la plus grande rareté.

191 — La Malédiction paternelle. — Le Fils puni, tableaux de M. Greuze, gravés de mémoire, 1777, 1778.

Deux charmantes pièces en belles épreuves.

192 — Offrande à l'Amour, par C.-F. Macret.

Belle épreuve avant la lettre, restauration dans la marge.

193 — La petite Fille au Chien, par Porporati.

Bonne épreuve, sans marge.

194 — La Philosophie endormie (portrait de Mme Greuze), gravée à l'eau-forte par Moreau, terminé par Aliamet.

Très belle épreuve avant la dédicace, grande marge.

195 — La Pleureuse (jeune fille pleurant son oiseau mort), par J.-J. Flipart.

Belle épreuve, avec les signatures au verso de Greuze et de Flipart.

196 — La Privation sensible, par J.-B. Simonet.

Très belle épreuve, toute marge.

197 — The Pretty Nœsgay Garle, par Marin, 1775.

Très jolie pièce en couleur, avec encadrement ornementé d'or.

198 — La Savonneuse, par J. Danzel.

Bonne épreuve.

199 — Le Tendre Désir, par C...

Très belle épreuve, grande marge.

200 — La même estampe.
Très belle épreuve, marge.

201 — La Voluptueuse, par R. Gaillard.
Très belle épreuve, toute marge.

GANDAT (D'après)

202 — Vue du Tombeau de J.-J. Rousseau dans l'Isle des Peupliers, à Ermenonville, par Godefroy. 1781.
Très belle épreuve avant la lettre, marge.

203 — La même estampe.
Très belle épreuve, grande marge.

GOYEN (D'après)

204 — Le Printemps. — L'Esté. — L'Automne. — L'Hiver, suite de quatre pièces, par Werotter et Huquier.
Bonnes épreuves.

GOUY (A.-M. De)

205 — Les Raisins doux. — L'Amant couronné, deux pièces en couleur faisant pendants, dessinées et gravées par A.-M. De Gouy.
Charmantes épreuves, marges.

GRAVELOT (D'après H.)

206 — Le Concert, par Saint-Non.
Jolie épreuve avant toute lettre, marge.

GREEN (D'après)

207 — Les Courses, les voici ! les voici ! par Lalauze.
Très curieuse eau-forte sur japon avant lettre, belle marge.

HAKERT (D'après)

208 — Vue de Saint-Valery-sur-Somme, gravée par Testolini.
Belle épreuve.

HÉDOUIN

209 — La Cuisinière. — Les Contrebandiers.

Deux eaux-fortes avant lettres sur chine monté.

HOIN (D'après)

210 — Le Prélude amoureux. — L'Ecueil de la Sagesse. deux pièces faisant pendants, gravées par de Monchy.

Très belles épreuves, grandes marges.

HUET (D'après J,-B.)

211 — Le Printemps. — L'Eté. — L'Automne. — L'Hiver. Suite de quatre pièces en couleur, gravées par Liger et Duruisseau.

Belles épreuves, marges.

212 — Le Berger dangereux. — La Bergère satisfaite. Deux pièces en couleur faisant pendants, gravées par Bonnet.

Belles épreuves, sans marges.

213 — Offrande présentée par l'Amour à la Fidélité, par Bonnet.

Belle épreuve en couleur, toute marge.

IMBERT (D'après F.)

214 — La Curieuse, par C.-F. Letellier.

Belle épreuve, marge.

ISABEY (D'après)

215 — Mme Dugazon, gravée par Monsaldy.

Charmant portrait en couleur, de la plus grande fraîcheur; grande marge.

JANINET (D'après)

216 — La Chaumière flamande, d'après van Ostade.

Belle épreuve en couleur, petite marge.

217 — Compagne de Pomone. — L'agréable Négligé, d'après Leclerc et Beaudouin. Deux pièces en couleur, faisant pendants.

Magnifiques pieces, d'une belle conservation.

218 — Louis de Breton, dit le Brave Crillon, d'après Le Barbier.

Très-belle épreuve en couleur, marge.

219 — Henri IV, roi de France et de Navarre, d'après Rubens.

Très belle épreuve en couleur, marge.

220 — Réunion des Plaisirs, d'après Saint-Quentin.

Belle épreuve en couleur, montée en dessin.

LAGRENÉE (D'après)

221 — Education et Punition de l'Amour, suite de quatre pièces gravées par Bouillard.

Belles épreuves, toutes marges.

LANCRET (D'après N.)

222 — L'Enfance. L'Adolescence. — La Jeunesse. — La Vieillesse, suite de quatre pièces, gravées par de Larmessin.

Petites marges.

223 — Le Maître galant, gravé par Le Bas.

Belle épreuve, marge.

224 — Le Matin. — Le Midi. — L'Après-Dînée, trois pièces gravées par de Larmessin.

Marges, épreuves du 1er état avec l'adresse de Larmessin. marges.

225 — Le Printemps. — L'Automne. — L'Hiver, trois pièces gravées par de Larmessin.

Belles épreuves, grandes marges, avec l'adresse du graveur.

226 — Que le cœur d'un amant est sujet à changer, gravé par Lemoine.

Belle épreuve, marge.

227 — Les Gentilles Baigneuses, gravé par Moitte. (B. 36.)

Petite marge, rare épreuve avec l'adresse du graveur.

LANGLOIS (E.-H.)

228 — Le Coup de Vent.
Dessin à la plume signé.

229 — Ménage en goguette, scène de cave.
Très belle aquarelle signée, d'une conservation parfaite.

230 — Scène de Faust.
Aquarelle signée.

231 — Vade in Pace.
Dessin signé.

LANTARO (D'après)

232 — Profitons du Moment, par Elvine Claris.
Belle épreuve, toute marge.

LARGILLIÈRE (D'après N.)

233 — Portrait de Jean-Baptiste Oudry, gravé par J. Tardieu.
Superbe épreuve, grande marge.

LAWREINCE (D'après N.)

234 — Ah ! laisse-moi donc voir, par Janinet. (E. B. 2.)
Charmante épreuve en bel état, marge.

235 — Les Apprêts du Ballet, par Tresca. (4.)
Tres belle épreuve du 1er état, avec les noms des artistes à la pointe sèche, sans aucune autre lettre, petite marge.

236 — L'Assemblée au Concert. — L'Assemblée au Salon, par F. Dequevauviller (5 et 6), deux pièces faisant pendants.
Très belles épreuves, marges.

237 — L'Aveu difficile, par Janinet. (8.)
Très belle épreuve en couleur, belle marge.

238 — La Balançoire mystérieuse. — Les Nymphes scrupuleuses, deux pièces faisant pendants, gravées par Vidal. (9 et 42.)
Tres belles épreuves : la première avec sa marge entière, et l'autre petite marge.

239 — Le Billet doux, par N. de Launey. (10.)
Très belle épreuve, marge.

240 — La Comparaison, par F. Janinet, 1786. (12.)
Magnifique épreuve en couleur, légère restauration, sans marge.

241 — La Comparaison, par Janinet, 1786. (12.)
Très belle épreuve en couleur, marge.

242 — La Consolation de l'absence, par N. de Launay. (14.)
Magnifique épreuve, marge.

243 — Le Contretemps, par Dequevauviller. (15.)
Très belle épreuve avec la première adresse, celle de Dequevauviller, marge.

244 — L'Ecole de danse, par F. Dequevauviller. (22.)
Très belle épreuve, marge.

245 — L'Heureux moment, par N. de Launey. (28.)
Très belle épreuve avant la faute au mot chez.

246 — L'Innocence en danger, par Caquet. (2.)
Très belle épreuve, marge.

247 — La Leçon interrompue, par Vidal.
Belle épreuve, marge.

248 — La Marchande à la toilette, par Vidal. (37.)
Magnifique épreuve, marge.

249 — Le Lever des ouvrières en modes. — Le Coucher des ouvrières en modes, par F. Dequevauviller. (36-16.)
Très belles épreuves, marges.

250 — Les Offres séduisentes, par J.-E. Delignon. (43.)
Très belle épreuve avec la faute, grande marge.

251 — La Partie de Musique, par V. Langlois. (46.)
Très belle épreuve avant lettre.

252 — Le Repentir tardif, par Levilain. (52.)
Très belle épreuve, marge.

253 — Le Restaurant, par Deni. (53.)
Belle épreuve, petite marge.

254 — Le Retour trop précipité, par J.-A. Pierron. 1788. (B. 54.)

Très belle épreuve, marge.

255 — Le Roman dangereux, par Helman.

Très belle épreuve, grande marge.

256 — Les Sabots, par J. Couché.

Très belle épreuve, marge.

257 — Le Séducteur, par de Launay aîné.

Splendide et rare épreuve qui n'a été gravée qu'à l'état d'Eau-forte, grande marge.

258 — La Sentinelle en défaut, par Darcis. (58.)

Belle épreuve du 2e état, avec les signatures à la pointe sèche, marge.

259 — Les Soins mérités, par de Launay le jeune. (60.)

Très belle épreuve, grande marge.

260 — La Soubrette confidente, par Vidal. (61.)

Tres belle épreuve, marge.

261 — Mrs Merteuil and Miss Cécile Volange, par Romain Girard. (B. 39.)

Très belle épreuve imprimee en couleur, marge.

262 — Valmont and Emilie, par Romain Girard. (62.)

Très belle épreuve en couleur, avec une inscription différente de celle décrite et commençant par ces mots : « Cette complaisance de ma part, » au lieu de : « Emile qui a lu l'Epitre, etc. » Marge.

263 — Valmond and Presidente de Tourvel, par Romain Girard. (63.)

Très belle épreuve imprimée en couleur, marge.

264 — La Présidente de Tourvel, par Romain Girard.

Très belle épreuve imprimée en couleur d'une pièce gravée d'après Touzée, mais qui fait suite aux trois pièces précédentes également tirées des Liaisons dangereuses. Marge.

265 — Suite du Déjeuner, par Duflos. (9.)

Rare épreuve à l'état d'eau-forte avant la lettre et la bordure, état non décrit, charmante pièce, avec la signature J. Duflos au verso. Marge.

266 — The Grove. — The Green Plot, deux petites pièces faisant pendants.

Très belles épreuves, marges.

267 — L'Oraison de Saint-Julien.

Très belle et rare épreuve, grande marge.

LE BARBIER l'Aîné (D'après)

268 — Couronnement de Lafontaine par Esope, aux Champs-Elysées, gravé par Macret et Guttenberg, 1785.

Belle épreuve.

269 — Le Mari dupe et content. — La Prudence en défaut, par Patas, deux pièces faisant pendants.

Belles épreuves, grandes marges.

270 — Le Mouchoir, gravé par Macret et Duponchel.

Belle épreuve.

271 — La Promenade du matin. — La Rupture. Deux pièces tirées des chansons de La Borde, gravées par Masquelier.

Très belles épreuves à toutes marges.

272 — Tombeau de J.-J. Rousseau. gravée par Née.

Belle épreuve avant la lettre. marge.

LE BEL (D'après E.)

273 — Le Coup de vent, par A. Girardet, 1785.

Très belle épreuve avant la lettre, toute marge.

274 — La même.

Très belle épreuve avant la lettre, grande marge

275 — Elle est prise ! gravée par V. Pillement. terminée par Niquet.

Tres belle épreuve avant lettre, grande marge.

LECLERC (D'après)

276 — L'Enfant prodigue exigeant sa légitime. — Le Départ de l'Enfant prodigue. — Vie débauchée de l'Enfant prodigue. — L'Enfant prodigue dans la plus grande

misère. — L'Enfant prodigue réclamant la bonté de son père. — Réjouissances pour le retour de l'Enfant prodigue. Suite de six pièces gravées par Gaillard, Basan, Teucher, de F..., Moitte, Basin.

Très belles épreuves.

LEMOINE (D'après)

277 — Fragonard, par T. de Mare.

Epreuve d'artiste avec remarque sur la marge, toute marge.

LE PEINTRE (D'après)

278 — La Cage symbolique, gravée par M. Fessard.

Belle épreuve avant le nom des artistes et la dédicace.

279 — La Tricherie reconnue, par de Monchy.

Belle épreuve, grande marge.

LE PRINCE (D'après)

280 — La Précaution inutile, gravée par Helman.

Superbe épreuve avant la dédicace, marge.

LEROY (D'après)

281 — Coucou, par Beljambe.

Belle épreuve, marge.

MALLET (D'après)

282 — Chit ! chit !... — Par ici !..., deux pièces faisant pendants, gravées par Copia.

Belles épreuves en couleur, marges.

MARILLIER (D'après)

283 — Les Désirs réciproques. — Les Regrets inutiles, deux pièces faisant pendants, gravées par Mme Chévery.

Tres belles épreuves.

284 — Fables de Dorat : La Curieuse. — Le Charlatan. En-tête des pages 209, 238, 308, gravées par D. Née.

Tirage hors texte de ces cinq splendides épreuves.

MARTIAL

285 — Paris pendant le Siége. 6 recueils d'eaux-fortes de Martial. Maxime Lalanne et Pierdon. *Paris. Cadart et Luce.*

In-folio en feuilles.

MARTINI (P.-A.)

286 — Exposition au Salon du Louvre en 1787.

Belle épreuve, petite marge.

MAYER (D'après Fr.)

287 — La Chute dangereuse, gravée par M. de Launey.

Belle épreuve, grande marge.

MIXELLE (A Paris, chez)

288 — Le Retour du Soldat.

Bonne épreuve, marge.

MOITTE (D'après)

289 — L'Infidélité reconnue, par Dambrun.

Très belle épreuve avant la lettre, petite marge.

290 — Le Jaloux endormi, par Vidal.

Très belle épreuve, marge.

291 — La Surprise agréable, par Vidal.

Très belle épreuve, marge.

MONNET (D'après)

293 — Les Baigneuses surprises, gravée par G. Vidal.

Très belle épreuve avant la lettre.

294 — Les Plaisirs nocturnes, par Chevery, 1777.

Magnifique et rare épreuve, grande marge.

295 — La Récompense inattendue (Joconde), par Chévery, 1777.

Très belle et rare épreuve du 1er état, avec le sein découvert; marge.

296 — La même.

Belle et rare épreuve du 1er état, petite marge.

297 — La Vertu surprise (Richard Minutolo), par Chévery.

Très belle et rare épreuve, grande marge.

298 — Richard Minutoto.

Belle épreuve.

299 — L'Oraison de Saint Julien.

Belle épreuve.

MONSIAU (D'après)

300 — Œuvres poissardes de Vadé. Planche en couleur du chant IIIe, gravée par Clément.

Superbe épreuve, grande marge.

MOREAU (D'après J.-M.)

301 — Le Villageois entreprenant, par Germain et Patas.

Très belle épreuve, toute marge.

302 — Arrivée de J.-J. Rousseau aux Champs-Elysées, par Macret, 1782.

Bonne épreuve, marge.

303 — La même estampe.

Epreuve avec marge.

304 — Couronnement de Voltaire sur le Théâtre-Français, le 30 mars 1778, après la sixième représentation d'Irène, par Gaucher. (261.)

Splendide et rare épreuve avant toutes lettres, et la bordure; les noms des artistes à la pointe sèche, belle marge.

305 — La même estampe.

Belle épreuve, marge.

306 — Le Bal masqué. — Le Festin royal, donnés au Roi et à Reine par la Ville de Paris, le 23 janvier 1782, à l'occasion de la naissance du Dauphin. (E. B. 200-201.)

Deux pièces faisant pendants, très belles épreuves, marges.

307 — La Course de Chevaux, par Guttemberg. (E. B. 1363.)

Très belle épreuve avec les lettres A. R. D. R., marge.

308 — Déclaration de la Grossesse, par P.-A. Martini. (E. B. 1372.)

Très belle épreuve avec les lettres A. P. D. R., grande marge.

309 — La petite Toilette, par P.-A. Martini. (E B. 1361.)

Très belle épreuve avec les lettres A. P. D. R., marge.

310 — Les dernières paroles de J.-J. Rousseau, par Guttemberg.

Très belle épreuve, grande marge.

311 — Mirabeau aux Champs-Elysées, par L.-J. Masquelier, 1792.

Très belle épreuve à l'état d'eau-forte avant lettre, toute marge.

312 — Tombeau de J.-J. Rousseau, dessiné et gravé par J.-M. Moreau.

Belle épreuve, toute marge.

313 — La même estampe.

Belle épreuve.

NATTIER (D'après J.)

314 — Le Chaste Joseph, par Beauvarlet.

Belle épreuve, marge.

NETSCHER (D'après Gaspar)

315 — Le Petit Physicien, gravé par Wille, 1761.

Belle épreuve, petite marge.

OUDRY (Jean-Baptiste)

316 — Roman Comique (Suite de Figures pour le), vingt-deux planches in-folio.

Belle suite de figures extrêmement intéressantes et fort rares, dit Cohen, marges.

OZANNE (D'après N.)

317 — Le Port de Saint-Valery-sur-Somme. — Le Port de la Rochelle, par le Gouaz.

Belles épreuves, toute marge.

PATERRE (D'après)

318 — Colin-Maillard (Les Plaisirs de la Jeunesse), par Filleul.

Très belle épreuve, toute marge.

PROCCACINI (D'après)

319 — Création d'Eve, gravée par A.-F. Hémery.

Très belle épreuve avant la dédicace, marge.

PRUDHON et MAYER (D'après)

320 — L'Amour séduit l'Innocence. — L'Innocence préfère l'Amour à la Richesse, par Roger.

Deux pièces faisant pendants, belles épreuves avant lettres, toutes marges.

PRUDHON (D'après)

321 — L'Amour réduit à la raison, par Copia.

Belle épreuve avant la lettre, marge.

322 — La même estampe.

Belle épreuve, grande marge.

323 — Le Cruel rit des pleurs qu'il fait verser, gravé par Copia.

Belle épreuve avant lettre, marge.

324 — Innocence et Amour, gravé par Villerey, 1817.
Très belle épreuve avant lettre, grande marge.

325 — La même estampe, gravée par Pillement fils.
Très belle épreuve à l'état d'eau-forte non terminée, grande marge.

326 — La même estampe, gravée par Villerey, 1817.
Belle épreuve, marge.

327 — La Mère allaitant son Enfant, eau-forte pure
Belle épreuve, grande marge.

QUEVERDO (D'après)

328 — Le Bouquet galant. — La Surprise amoureuse, deux pièces faisant pendants, par Dambrun et Le Beau.
Très belles épreuves, marges.

329 — Le Couché de la Mariée. — Le Levé de la Mariée, deux pièces faisant pendants, par Patas et Dambrun.
Très belles épreuves, petites marges.

330 — L'Amoureux. — Le Prélude, par J.-B. Chatelain et Dioyer, deux pièces.
Belles épreuves, marges.

331 — Le Dangereux Modèle. — La Fille surprise, par Patas, deux belles pièces faisant pendants.
Belles épreuves, petites marges.

332 — Départ pour le Sabat, par Maleuvre.
Epreuve avec marge.

333 — Le Repos, par Dambrun.
Très belle épreuve, petite marge.

RANC (D'après J.)

334 — Portrait de Renaudot, gravé par F. Chereau.
Belle épreuve.

RAOUX (D'après)

335 — Les Musiciennes, par L. Marin, Bonnet.
Belle pièce en couleur.

336 — Télémaque dans l'Ile de Calypso, par Beauvarlet.
Très belle épreuve avant lettre, marge.

337 — Recueil de Gravures du XVIIIe siècle, in-folio, demi-rel. mar. cor. dos et coins, tête dor. ébarbé. Album de 42 planches gravées par Le Bas, Sornique, Halbou, Basan, Tardieu, Moitte, etc., d'après les tableaux de Téniers, Leclerc, Parrocel, Descamps.
Belles épreuves.

REGNAULT (D'après N.-F.)

338 — Dors, Dors, gravé par Le Peintre.
Belle épreuve, marge.

REMBRANDT

339 — La Mort d'Essex.
Belle eau-forte, petite marge.

REYNOLDS (D'après JOSHUA.)

340 — Miss Bowles, par S.-W. Reynolds.
Belle épreuve à la manière noire.

RIGAUD (D'après HYACINTHE)

341 — Portrait de Nicolas Boileav-Despréavx, gravé par Drevet.
Bonne épreuve.

SANTERRE (D'après)

342 — Suzanne au bain, gravée par Porporati.
Belle épreuve, marge.

SARRAZIN (D'après)

343 — Vue de Quillebeuf sur la Seine, par Le Vaux.
Belle épreuve, marge.

SCALCKEN (D'après)

344 — L'Education badine, par P.-G. Langlois.
Belle épreuve, toute marge.

345 — Jeune Joueur d'instrument, gravé par Ville.
Belle épreuve, petite marge.

SCHALL (D'après)

346 — L'Amant surpris. — Les Espiègles. Deux pièces faisant pendants, gravées par Descourtis.
Très belles épreuves en couleur, grandes marges.

347 — Les mêmes estampes. Deux pièces faisant pendants, par Descourtis.
Très belles épreuves en couleur; marges des titres restaurées.

348 — La Comparaison, par Bouillard et Dupréel.
Très belle épreuve avant toute lettre; sans marge.

349 — La Défaite. — La Conviction. Deux pièces faisant pendants, gravées par L. Marchand.
Belles épreuves, petites marges.

350 — Le Modèle disposé, par Chaponnier.
Très belle épreuve avant la lettre, marge entière.

351 — Paul et Virginie retrouvés. — Mort de Virginie. Deux pièces en couleur, par Descourtis.
Très belles épreuves, marges.

352 — La Ruelle, par Malapeau.
Belle épreuve, grande marge.

SAINT-AUBIN (G. de.)

353 — Comptez sur mes serments. — Au moins soyez discret. (E. B. 406, 407.) Deux pièces faisant pendants.
Magnifiques épreuves du 3e état avec l'adresse. A Paris, chez l'auteur, marges vierges.

354 — Le Réfractaire amoureux. (E. B. 456.)
Magnifique épreuve du 1er état avant toutes lettres, grande marge.

SAINT-AUBIN (D'après Gab. de)

355 — Comparaison du bouton de rose, par Dermel.
Belle épreuve, petite marge.

356 — Le Concert, par A.-J. Duclos.
Magnifique épreuve du 2e état, avant l'adresse du graveur Chereau, marge.

357 — Les Petits Polissons de Paris. — La Fossette ou le jeu des Noyaux. — La Toupie. — La Corde. — Le Coup de Tête. — La Sortie de Collège. Cinq pièces par Tilliard.
Belles épreuves, marges.

358 — L'Heureux ménage. — L'Heureuse mère. Deux pièces en couleur, par Sergent et Gautier l'aîné.
Belles épreuves, petites marges.

359 — La Jardinière, par Sergent.
Très belle épreuve en couleur, remargée.

360 — Jupiter et Léda, d'après Paul Véronèse.
Très belle épreuve du 3e état, marge.

SCHULTZE

361 — L'Ouvrière endormie.
Très belle épreuve, grande marge.

SICARDY (D'après)

362 — Oh ! che Gusto, par Copia.
Belle épreuve, toute marge.

SLODTZ (D'après)

363 — Le Bal du May, par F.-N. Martinet.
Magnifique épreuve, marge.

364 — Société internationale chalcographique. Années 1886 à 1897 en 13 cartons.
Reproduction de pièces rares.

365 — Société Française des Amis des Arts. Années 1894, 1895, 1896, 1897, 1898; in-folio.

Nombreuses gravures en feuilles.

SWEBACH-DESFONTAINE (D'après)

366 — La Vieillesse d'Annette et Lubin, gravée par Le Cœur.

Très belle et rare épreuve en couleur, marge.

TAUNAY (D'après)

367 — Noce de Village, gravée en couleur par Descourtis.

Superbe épreuve, marge.

368 — Foire de Village, gravée en couleur par Descourtis.

Superbe épreuve, marge.

369 — Le Tambourin, gravé en couleur par Descourtis.

Très belle épreuve, sans marge.

TÉNIERS (D'après)

370 — La Femme jalouse, par J.-P. Le Bas.

Bonne épreuve, petite marge.

TOUZÉ (D'après)

371 — L'Oracle des Amans, par Choffard.

Belle épreuve avant la dédicace, grande marge.

VENDER-WERF (D'après A.)

372 — La Vendeuse de marée, par de Launay.

Belle épreuve, marge.

VANLOO (D'après J.)

373 — Le Coucher, gravé par Porporati.

Belle épreuve, marge.

VERNET (D'après J.)

374 — Le Matin. — Le Midi. — La Nuit. — Trois pièces gravées par Aliamet.
Belles épreuves, petites marges.

VLEUGHELS (D'après N.)

375 — Loth et ses filles, par J. Chereau.
Epreuve sans marge.

WILLE FILS (D'après P.-A.)

376 — Dédicace d'un Poème épique, gravée par Dermel.
Très belle épreuve entièrement avant lettre.

377 — Les Plaisirs interrompus, gravés par J.-G. Wille.
Belle épreuve avant la lettre.

WILLISON (D'après G.)

378 — Léda et son Cygne, par Val Green.
Très belle épreuve, petite marge.

Rouen. — Imp. du Nouvelliste, rue St-Etienne-des-Tonneliers.

www.ingramcontent.com/pod-product-compliance
Ingram Content Group UK Ltd.
Pitfield, Milton Keynes, MK11 3LW, UK
UKHW021038180726
13838UKWH00004B/1867

9 782329 520407